Los 4 Pilares de la Salud

Published by Pedro Gracia Feito

Copyright 2019

Gracias por descargar este libro electrónico gratuito. Aunque se trata de un título sin costo, el copyright es propiedad exclusiva del autor y por lo tanto no se permite su reproducción, copiado ni distribución ya sea con fines comerciales o sin ánimos de lucro. Si disfrutaste este libro, por favor invita a tus amigos a descargar su propia copia en Smashwords.com, donde pueden descubrir otros títulos de este autor. Gracias por tu apoyo.

ÍNDICE

I. Introducción.

II. Los 4 pilares de la salud

    1. La alimentación

    2. El movimiento.

    3. El sueño.

    4. Las emociones

III. Por qué es importante que actúes sobre todos ellos: La visión Holística.

IV. ¿Pero por donde empiezo?

V. Consideraciones Finales

I. Introducción

El objetivo de este libro es mostrarte de forma sencilla los factores más importantes que inciden sobre tu salud y animarte a llevar a cabo acciones concretas en los ámbitos más importantes para mejorarla de una forma global.

Mi intención es ayudarte a mejorar tu salud desde una visión más amplia que complemente la que ofrece la medicina convencional. Existen múltiples factores que afectan a la misma y no los identificamos como causantes de nuestros síntomas. Cuando padecemos un síntoma o nos ponemos enfermos tendemos a asociarlo a una sola causa, la más evidente y cercana. Le echamos la culpa al frío, al uso del ratón, a la almohada, a las malas posturas, a la vejez, la mala suerte o al vecino. Pero, ¿Cuál es la causa de esa infección, esa inflamación o ese dolor de cabeza?. Cuando vamos al médico solemos obtener un diagnóstico de la enfermedad, que en ocasiones solo describe el síntoma. Por ponerte un ejemplo, cuando tienes un dolor lumbar te dicen que tienes una lumbalgia, que significa eso, dolor lumbar. Eso no es un diagnóstico, es decirte lo que ya sabes, es describir el síntoma y el tratamiento que recibes es un tratamiento sintomático, antiinflamatorios y relajantes musculares. Eso no es hacer medicina, es poner parches. Está bien para una fase aguda, pero cuando se repite en el tiempo y se cronifica hay que investigar para conocer las verdaderas causas si no queremos recaer eternamente.

Este tipo de medicina, aunque elimina el síntoma, no cura, la verdadera curación viene de identificar el origen, mostrárselo al paciente, responsabilizarle y darle herramientas para corregirlo. Esconder el síntoma con un fármaco nos alivia momentáneamente, pero llevará a un sufrimiento mayor en el futuro, cronificando patologías y generando otras nuevas, en compensación por el efecto del consumo de fármacos a largo plazo por haber tratado las causas. Podría decirse que un antibiótico si cura porque elimina la infección, pero seguimos sin saber la verdadera causa de la infección, por ejemplo, un sistema inmunitario débil por estrés mantenido, déficit de vitamina D o por una mala alimentación que daña nuestra flora intestinal. Ahí es donde hay que actuar además de tomar el antibiótico del que abusamos habitualmente, debilitando más nuestro sistema inmune y generando resistencia a antibióticos por parte de las bacterias, que es lo que está ocurriendo actualmente.

El cuerpo no funciona de forma aislada, todo está relacionado, no pueden tratarse los efectos, hay que solucionar las causas verdaderas y para ello se necesita tiempo y dedicación, hay que levantarse de la silla y explorar al paciente, recuperar el arte de la medicina y no basarse solo en analíticas y pruebas de imagen. Tratar síntomas es poner parches, esconder la basura debajo de la alfombra. Todos los órganos y sistemas están relacionados entre sí y trabajan de forma conjunta, no es posible tratar un estómago de forma aislada sin que repercuta en otra área. Si quitas el ácido con un antiácido o un omeprazol dificultarás la digestión de proteínas, por ejemplo, generando putrefacción en el intestino y alterando tu flora intestinal, lo que podría llegar a debilitar tu sistema inmunitario y a largo plazo generar una patología autoinmune como una artritis reumatoide o una enfermedad inflamatoria crónica o bien producir una osteoporosis. ¿No habría que buscar la causa de ese aumento de acidez, si es que existe? ¿Quizá sea la dieta?

Nuestro sistema sanitario se dedica al enfermo, no al sano. No practica la prevención de la salud. No tiene tiempo para ello. Hacer colonoscopias como un loco no es prevenir la enfermedad. Prevenir la enfermedad es intervenir en la contaminación, en la calidad de los alimentos, en la educación nutricional, en la cultura del deporte en la gestión del estrés y mucho más.

La iatrogenia o daño por intervención médica se ha convertido ya en una de las principales causas de muerte en el mundo, la tercera en Estados Unidos. El uso de antiinflamatorios de forma continuada ha generado hipertensión arterial y úlceras de estómago, el uso indiscriminado de antibióticos ha producido resistencia a los mismos por las bacterias y ha generado patología autoinmune por daño de la flora intestinal, los ansiolíticos y antidepresivos están dañando nuestros cerebros, produciendo hipotiroidismo, sobrepeso, adicción y demencia. Debemos aprender que los fármacos no son más que parches para utilizar cuando no hay más remedio y siempre buscando la causa subyacente para evitar su uso de forma continuada en el tiempo. Aún así, a veces llegamos tan tarde y hay tal daño orgánico que no nos queda más remedio que tomarlos para poder sobrevivir. Pongamos solución antes.

Tomamos estatinas para el colesterol, nos enganchamos a ansiolíticos y antidepresivos, escondemos nuestros dolores, que no son más que el reflejo de lo que nos duele en el alma y en lugar de preguntarnos qué podemos hacer por nosotros, nos preguntamos, qué nos podemos tomar para dejar de sufrir o qué pueden hacer los demás por nosotros. Elegimos la opción fácil. Estamos eludiendo la parte que nos corresponde, la responsabilidad sobre nuestra propia salud. Ya es hora de hacerse mayores, la información está ahí, úsala o busca un profesional que pueda guiarte, pero toma parte activa en tu salud.

Si, tu eres el responsable, comiendo lo que comes, no moviéndote lo suficiente, soportando niveles de estrés elevados, no durmiendo lo suficiente, pensando lo que piensas, creyéndotelo, diciendo lo que dices y actuando como actúas. La intención no es culparte, es movilizarte, incomodarte y recordarte el poder que tienes sobre ello y que actúes en consecuencia. Deja de delegar tu salud.

> *Eliminar el síntoma no significa sanar. Solo puede sanarse uno mismo a partir del entendimiento de lo que ha causado el síntoma y poder llevar a cabo las acciones necesarias.*

Está bien eliminar el sufrimiento que provoca el síntoma, pero hay que ahondar en las causas para aprender qué es lo que debemos cambiar en nuestra vida, principalmente cuando los síntomas son recurrentes. Unas veces habrá que hacer cambios en la alimentación, otras abandonar el sedentarismo, cambiar los ritmos del sueño, buscar momentos de paz entre el ajetreo del día a día o bien cambiar nuestra forma de relacionarnos en la pareja o en el trabajo.

Cuando no escuchamos a nuestro cuerpo y no tomamos decisiones a tiempo, llega la enfermedad que te obliga a decidir aquello que nos has decidido antes.

Deberíamos actuar por el simple deseo de estar bien o mejor, pero la realidad es que actuamos por sufrimiento y a veces ni con ello.

Con esta guía mi intención es que no tengas que llegar a esto, nos hemos acostumbrado a realizar cambios únicamente cuando llegamos a unos niveles de sufrimiento intolerables, cuando ya no nos permite continuar con nuestras rutinas diarias, estamos tan ciegos y nos escuchamos tan poco que esos avisos de nuestro cuerpo pasan desapercibidos y les quitamos importancia. Mi objetivo es conseguir que adquieras una cultura de la salud básica que te permita hacer las modificaciones necesarias por el simple placer de quererte , de mimarte, de demostrarte amor a ti mismo y sentirte mejor sin tener que llegar a esos extremos.

Soy consciente de todos los impedimentos que suelen surgir a la hora de permitirte hacer todos los cambios necesarios. Cada uno tiene sus circunstancias y sus tiempos. Pero plantéate qué es lo mínimo que puedes ir haciendo. Simplemente arranca con algo y permite que la inercia te ayude a dar el siguiente paso, confía en que lo que haces te va a llevar a una situación mejor. El logro de un pequeño cambio te motivará para llevar a cabo el siguiente.

No se trata de llegar a centenario viviendo en una burbuja y convirtiéndote en un hipocondríaco, sino de que el tiempo que vivas sea de la mayor calidad posible. De nada nos sirve llegar muy lejos intoxicado y mantenido a base de fármacos si no podemos disfrutar de las cosas que nos gusta hacer. Cuidar tu salud desde ya reducirá tu riesgo de enfermar, mejorará tu capacidad de recuperación en caso de hacerlo y te permitirá disfrutar de todo aquello que amas en la vida. Es importante tener un propósito, si no, ¿para qué sanarse? Busca el tuyo.

Me gustaría que a través de este pequeño libro conozcas los factores más importantes para mantener una buena salud, que tomes conciencia de ellos y de su importancia y que por último asumas la responsabilidad plena en el mantenimiento de la misma. En definitiva , que puedas disfrutarla.

Por ello voy a hablarte de los que para mí son los pilares fundamentales para empezar a hablar de una buena salud y sobre los cuales puedes asumir el control.

Vamos a ello.

II. Los 4 pilares de la salud.

Esta guía supone para mí, la premisa básica para que mis pacientes puedan mejorar su salud. Sin unas bases sólidas de vida saludable es difícil intentar ayudar a cualquier persona a sanarse. Cada paciente que entra por primera vez en mi consulta, recibe la misma charla. Para mejorar la salud lo básico debe estar bien, en caso contrario es como darse cabezazos contra la pared. Esto requiere un compromiso mínimo por parte del paciente.

Es necesario hacer un buen interrogatorio sobre todos los ámbitos de la vida de la persona y sobre todos los factores de estrés que puedan estar afectando a su organismo para intentar identificar en qué ámbitos de su vida existen más carencias y poder subsanarlas. De esta forma la persona puede tener una referencia sobre cuidados básicos de salud a partir de la cual tomar conciencia de lo que la puede estar afectando y de la importancia de su cuidado para así asumir la responsabilidad y el control sobre la misma.

Con responsabilidad me refiero a ofrecer la oportunidad de ser dueño de tu salud y no dejarla en manos ajenas. Tu salud no depende del médico, depende ti. La idea sería tener que recurrir lo mínimo al mismo como consecuencia de unos hábitos saludables adquiridos a través de la adquisición de una cultura de salud y del cuidado de uno mismo como forma de quererse.

El principal responsable de tu salud eres tú.

Cambiar hábitos y cuidar tu salud no significa sacrificio y no poder disfrutar de los placeres de la vida. Todo lo contrario, tener una buena salud es lo que te va a permitir disfrutarla al máximo. Estoy cansado de escuchar frases como, *de algo hay que morir*, o, *Si no puedo comer pan, ¿Qué como?*, o bien *Qué vida más triste, si no puedes beber, fumar o comer dulces.* Habría que ir planteándose si realmente estas cosas son las que nos hacen felices porque nos dan placer inmediato, o por el contrario, nos hacen infelices porque nos convierten en adictos y nos enferman a medio plazo.

Tomemos conciencia, cuidémonos, amémonos,

somos lo más importante para nosotros mismos, obremos en consecuencia. Podemos adquirir unos hábitos saludables sin ser unos amargados, si en el día a día lo hacemos medianamente bien podremos darnos un capricho el fin de semana disfrutándolo aún más, sin culpabilidad y en plena conciencia.

Por último querría recordar y meter el dedo un poco en la llaga. Todos tenemos buenas intenciones, todos queremos mejorar nuestras vidas, pero ¿Cuánto estamos dispuestos a hacer?. Si seguimos haciendo lo de siempre, nuestra realidad seguirá siendo la misma de siempre. ¿Necesitas llegar a sufrir para hacer el cambio o prefieres empezar ya a sentirte mejor?

No querer lo mejor para ti mismo, no querer sentirte lo mejor posible, no intentar mejorar tu salud y tu vida es un comportamiento autodestructivo y ya supone un problema en sí. Pero se trata de eso, de tomar conciencia y llevar a cabo las acciones necesarias parar poder disfrutar de la vida sin la limitación que supone una mala salud.

Tranquilízate, no te agobies. Quizá no estés en el mejor momento ni con la energía suficiente, pero si estás leyendo esto, ya es señal de que te has dado cuenta de algo y ese es el primer paso. Como todo lo que queremos aprender, al principio cuesta, no conviene realizar los cambios de forma radical, cada uno debe llevar su ritmo, pues cada uno tiene sus tiempos y sus limitaciones. Pero créeme, lo que puede parecer difícil en principio, puede convertirse en motivo de satisfacción al recuperar el control sobre algo que tenías olvidado. Lo importante no es llegar a ningún sitio, no hay que cumplir objetivos, porque es un camino que nunca acaba. Lo verdaderamente importante es lo que aprendes en ese camino, lo que te llevas en el proceso, como el autocontrol, la capacidad de logro, la mejora continua, el aumento de la autoestima, el desarrollo de la autodisciplina, la capacidad de discernir lo que es bueno o malo para uno, la adquisición de cultura de la nutrición o del deporte, el desarrollo de la inteligencia emocional o el conocimiento del medio y cómo nos afecta. Ellos son el verdadero premio. Todo ello influye en tu cultura y en tus resultados en otros ámbitos como el laboral, las relaciones sociales o las relaciones de pareja. En definitiva, cuidar tu salud, es cambiar tu vida, ser una persona diferente, con una realidad diferente.

¿Cómo crees que funcionará tu cerebro si mejoras tus hábitos?, ¿Con qué tipo de gente te relacionarás? ¿Más o menos sana, más o menos motivada? ¡¡Contágiate!!!, ¿Cómo influirá en tu vida sexual? ¿Y en el desarrollo de tus proyectos personales? ¿Tendrás más, o menos energía? Son algunas de las preguntas que puedes hacerte para ir visualizando lo que quieres que sea tu vida.

La realidad que te rodea, lo que ocurre en tu vida, no es más que la proyección de lo que crees, de lo que piensas, de lo que dices y de lo que haces, es decir, lo que estás siendo. Según eres así es la realidad que vives. Obra en consecuencia si quieres ver otra realidad, cambia tu forma de ser y estar en el mundo.

Después de este sermón te voy a explicar lo que

son a mi parecer, los puntos básicos para mantener o empezar a mejorar la salud y prevenir o al menos tener menos papeletas para caer enfermo. Vamos a hablar de la alimentación el ejercicio, el sueño y las emociones. Existen muchos más factores pero estos son los más importantes y sobre los que más capacidad de actuación tienes.

1. La alimentación

Lo que comes es lo que te constituye y lo que determina cómo se realizan las funciones de tu organismo. Comer bien o mal va a determinar desde la calidad de tus tejidos hasta tu comportamiento, pasando por cómo funciona tu hígado, como te desintoxicas, como vas al baño o cómo está tu piel.

A veces olvidamos la relación entre la comida y nuestro estado de salud y es un factor determinante. Sin embargo seguimos ingiriendo alimentos dañinos en modo automático como si no tuviéramos capacidad de autodominio o de discernimiento de lo que nos viene bien o mal. Recorremos pasillos de supermercado como zombis, embobados por los colores, las ofertas, los 2x1, sin fijarnos siquiera en los ingredientes. Comemos alimentos que no nos sientan bien por costumbre. Nos hemos acostumbrado a estar hinchados, incómodos después de la comida y esto no debería ser lo normal.

Intentar cambiar los hábitos alimenticios de una

persona es una de las tareas más difíciles a las que me enfrento a diario. Cuando hago una pregunta abierta a un paciente como *¿Qué tal comes?*, la respuesta suele ser, *Ah, bien, de todo*. Y en la siguiente pregunta está la trampa *¿Qué desayunas?*. Si quieres saber cómo come una persona, pregúntale por su desayuno, es donde más pecamos: cereales, azúcar, bollería, leches ultra procesadas, mermeladas, margarina,...

La industria alimentaria se ha encargado y muy bien, de conseguir que comamos lo que a ellos les resulta más rentable. Su falta de ética o ignorancia deja bastante que desear, pero peor aún es que organismos tan importantes como la OMS, la propia comunidad médica, las universidades, así como revistas científicas de prestigio se hallan dejado engañar en el mejor de los casos, o comprar en el peor, llegando al punto de difundir recomendaciones nutricionales, basándose en estudios científicos financiados por marcas comerciales y sin pasar por el filtro del sentido común, promocionando hábitos que han resultado ser nocivos para la población.

Por ello es fundamental empezar a desmontar creencias, muy arraigadas, gracias a la televisión y las recomendaciones nutricionales médicas (con escasa o nula formación nutricional). Hoy día puedes encontrar mejor información y de más calidad sobre nutrición en algunos blogs de nutricionistas que en las propias universidades o en las consultas médicas. No hay más que ver los menús o las meriendas de los hospitales. Sin comentarios.

De todo esto puedes sacar una conclusión clara. La industria alimentaria, la televisión o el médico no se preocupa de tu alimentación. Por ello, debes asumir la responsabilidad de cuidarte en este aspecto, bien informándote al respecto o delegando en un profesional de la nutrición actualizado.

Basta de echar balones fuera y eduquémonos en cultura nutricional, es responsabilidad nuestra. La industria alimenticia no quiere tu salud, quiere tu dinero.

Aunque nos lo metan por los ojos y las orejas, nosotros tenemos la última decisión, comprar o no comprar. Y vaya si compramos, Coca-Cola® fue la marca más comprada del mundo en 2017 en un estudio que analizó más 18000 marcas en mil millones de hogares en 43 países. Nada más que añadir.

Los mitos de la nutrición: Cambia tus creencias

A continuación te dejo una tabla con falsas creencias en nutrición:

Mito o falsa creencia	Nueva creencia
La leche de vaca es buena para los huesos	La leche de vaca actual es un pseudo alimento, contiene hormonas, antibióticos y está ultra procesada reduciéndose su valor nutricional. No necesito tomar leche de vaca. Si la tomo elijo aquella que provenga de vacas de pasto y que sea entera. En España no hay carencia de calcio, sino de vitamina D y Magnesio. Además puedo obtener calcio fácilmente de otros alimentos como las almendras.
El zumo de naranja es muy sano porque tiene mucha vitamina C	El zumo de naranja aporta una mínima cantidad de vitamina C, aumenta mis niveles de azúcar en sangre, haciendo que acumule grasa rápidamente y puede aumentar mi ácido úrico. Elijo comerme una naranja que aporta fibra y aumenta menos mi glucosa en sangre.
Los huevos suben el colesterol	Los huevos son ricos en colesterol, pero eso no quiere decir que lo suba. El colesterol es necesario para fabricar mis hormonas Es un alimento de gran valor nutricional.

	Puedo comer huevos de calidad sin miedo, ¡¡¡pero sin patatas fritas!!!.
Hay que comer 5 veces al día	No lo hemos hecho en el 99% de la existencia del ser humano y queremos hacerlo ahora, cuando menos movemos y menos energía gastamos. Como 3 veces al día y si no tengo hambre me salto alguna comida e incluso ayuno algún día.
La carne roja produce cáncer	Puedo comer carne roja ocasionalmente sin problema siempre y cuando sea de calidad y elimine la grasa donde se acumulan las toxinas y no la queme al cocinarla. Existen tribus cuya base alimenticia es la carne y no padecen cáncer. ¿No serán los fármacos administrados a los animales los que producen cáncer?
Las grasas engordan	Es una generalización. Las grasas de calidad (consulta en apartado de grasas) son imprescindibles para una buena salud. Sin embargo, elimino las grasas vegetales hidrogenadas de mi dieta como las de la bollería o la margarina.
El cerebro necesita azúcar	El cuerpo puede obtener la glucosa

	de tubérculos, verduras y frutas. No necesito azúcar para sobrevivir, de hecho su uso continuado puede enfermarme.
El desayuno es la comida más importante del día	Todas las comidas son importantes y de hecho el desayuno no debería ser muy diferente del resto de comidas, aportando más proteínas, fruta y grasas y menos cereales y dulces. Y si me levanto sin hambre puedo saltármelo.
El embutido es malo	Lo es si es de mala calidad. El jamón York o pavo envasado, por muy sano que me lo pinten no es de buena calidad. Me basta con mirar los ingredientes.
Los frutos secos y la fruta engordan	Si abuso de ellos y no me muevo si. Sin embargo en cantidades moderadas constituyen un gran aporte de grasas de calidad, de fibra y de vitaminas.
Hay que comer de todo	Buen intento y buena excusa para comer guarrerías. Elijo comer solo lo mejor para mí y me doy un capricho cuando quiero y porque puedo.
Los productos light son más sanos	Los productos *light* suelen tener menos grasas y más azúcares así

	como potenciadores del sabor para hacerlos más sabrosos. Son seudo alimentos y no los quiero para mí.

Te animo a que leas el <u>artículo</u> de mi blog que habla sobre estos mitos de forma más extendida, puede que alguno te rechine, pero a nadie le gusta que le saquen de su zona de confort. Aún así, la ciencia desmiente afirmaciones tomadas como verdades todos los días, así que siempre pásalo por el filtro de algún profesional de confianza y por el de tu propio sentido común, el menos común de todos los sentidos.

La mejor forma de saber es experimentar en el propio cuerpo. Cada uno somos un mundo y no todas las recomendaciones valen para todos. Escúchate, prueba distintas maneras de alimentarte, observa cómo te sientan y quédate con lo que te sirva.

Existen múltiples tipos de dieta cada una con sus virtudes y defectos. No considero que ninguna sea mala en sí, a cada persona le puede ir bien una u otra dependiendo del momento de su vida y sus características propias. Hoy en día no hay siquiera un consenso en nutrición. Unos estudios contradicen a otros, lo que se tomaba como verdad absoluta ya no lo es y así seguirá pues la ciencia sigue evolucionando.

Aun así simpatizo más con una nutrición basada en

la evolución, es decir lo que comimos durante el 99% de nuestra existencia pues es lo que nos hizo evolucionar y a lo que más adaptados estamos; la comida real o *Real Food*, como suelen llamarla que se basa principalmente en alimentos de la naturaleza sin procesar o bien una dieta ovo-lácteo-vegetariana que también podría cubrir todas nuestras necesidades. No soy partidario de la dieta vegana o estrictamente vegetariana pues aunque en un principio pueda resultar saludable por la alcalinización y desintoxicación que produce, a largo plazo puede generar carencias importantes, tal que hay que suplementarse cuando se sigue este tipo de dieta. Cualquier vegano podría argumentar en contra mía y encontrar razones, pero yo, hasta el momento la única razón que encuentro para llevarla a cabo es la conciencia animal, es decir evitar la crianza masiva y el maltrato animal, que me parece loable.

Aún así voy a darte las recomendaciones sobre nutrición que yo considero básicas para una buena salud.

1. **Come bien y no tendrás que hacer dietas**: No midas

calorías, no peses la comida, no sigas dietas, adquiere unos hábitos saludables y nunca tendrás que hacer dietas. En caso de sufrir alguna enfermedad o tengas unos objetivos específicos de rendimiento, fuera de lo que es la salud si se pueden utilizar dietas de forma temporal y medir al milímetro todo lo que ingieres, pero estamos hablando de salud, no de convertirnos en unos paranoicos.

2. **Come comida de verdad**: Es decir, lo que se vende en el mercado de toda la vida. Compra comida de verdad, visita a tu pollero, a tu carnicero, tu frutero, tu pescadero. Aprovecha y establece una relación de confianza al igual que con tu mecánico, tu dentista o tu peluquero. Vuelve al mercado de siempre y te ahorrarás paseos interminables por el supermercado. Esto implica librarse de la presencia de ultra procesados, conservantes o colorantes en la cesta de tu compra.

3. **Aprende a comprar y a cocinar:** El primer día de compra te costará eliminar y filtrar tanta porquería.

Tendrás que leer la letra minúscula de los ingredientes que no quieren que veas. ¡¡Llévate una lupa!!!. Cocinar hoy día no es complicado, experimenta con lo que tienes, improvisa, busca recetas, échale imaginación, prueba combinaciones nuevas o pasa una tarde cocinando con tu madre. Convierte una obligación en un placer con una buena conversación y un buen vino mientras cocinas. Como dice @espichef, comprar, cocinar y comer es un acto de amor hacia uno mismo y hacia tus comensales.

4. **Utiliza el sentido común:** Si un alimento no te sienta bien, no lo comas. Si no tienes hambre, no comas. ¡¡Escucha a tu cuerpo!!.

5. **Espacia tus comidas:** Come 3 veces al día y sáltate una comida de vez en cuando (ayuno intermitente), quemarás más grasa y tendrás los beneficios de los ayunos más prolongados sin perder masa muscular. Enseñarás a tu cuerpo a no ser dependiente de glucosa, utilizando la grasa corporal como fuente de energía y mejorarás tus niveles de glucosa en sangre.

6. **Introduce proteínas, hidratos (no refinados) y grasas (de calidad) en todas ellas.** La cantidad de cada uno debe adaptarse en función de la composición corporal y los objetivos de cada persona. Consulta a tu profesional de confianza. Las proteínas son el macronutriente principal y como regla general te recomendaría ingerir un mínimo de alimentos proteicos (principalmente animales o derivados de los mismos). Puedes calcularlo de forma sencilla multiplicando tu peso corporal en Kg por 5. La resultante en gramos será aproximadamente tu consumo mínimo de proteínas diario recomendado. Si, es una cantidad elevada y la mayor parte de las personas no llega a ese mínimo. Esta cantidad puede llegar a duplicarse en caso de una práctica intensiva de deporte, de ahí la suplementación con batidos proteicos en deportistas. En cuanto a grasas e hidratos de carbono variará en cada caso particular.
7. **Come hasta saciarte, pero come lo que debes comer.** Si no te sacias no llegará la información a tu cerebro y

seguirás buscando comida. Apunta durante una semana todo lo que comes y analiza lo sincero que estás siendo contigo mismo.

8. **No pienses en perder peso, piensa en mejorar tu composición corporal,** es decir, menos grasa y más músculo. La grasa es fuente de problemas de salud mientras que el músculo es un seguro de vida.

9. **Bebe agua.** No hace falta que te encharques, pero ingiere al menos un litro y medio al día. Si no te entra, toma infusiones ¡¡¡sin azúcar!!! o agua con limón. Y sobre todo, no la sustituyas por cervezas o refrescos.

10. **Cambia de Leches:** En mi opinión, la leche de vaca no es necesaria, aunque podría ser un buen aporte de proteínas y grasas de calidad siempre y cuando sea bio y entera, con todas sus grasitas y no tengas intolerancia a la misma o la lactosa. Como sustitutos serían válidas bebidas vegetales de avena, coco o almendras sin azúcar. En cuanto a la de arroz, me parece que aporta pocos nutrientes y la de soja puede provocar cambios a nivel hormonal, pudiendo influir

en la función del tiroides y los ovarios con un consumo prolongado.

11. **Consume grasas de calidad:** Frutos secos, aguacates, coco, aceite de frutos como el de oliva o coco y mantequilla bio o *ghee* (busca cómo hacerlo). Cuando comes jamón o lomo ibérico con sus vetas de grasa intramuscular (no la de los bordes), huevos o pescado azul estás comiendo grasas de calidad. Evita los fritos, los empanados, enharinados que suelen freírse con aceite de girasol y la bollería y la margarina con grasas TRANS o aceite de palma.

12. **Reduce tu consumo de carne:** Los huevos y el pescado o el marisco podrían sustituirla. Es difícil hoy en día encontrar carne sin hormonar, sin antibióticos, o de animales que hayan comido lo que tienen que comer. La mayoría de las toxinas utilizadas pueden convertirse en hormonas de engaño y suelen acumularse en la grasa, así que si la consumes intenta consumir la carne más magra posible, del mejor origen posible. Si comes cerdo, mejor que sea ibérico. En

contra de lo que se piensa el pollo convencional es una de las peores, pues se produce de forma masiva a base de hormonas para su rápido crecimiento. Si lo comes intenta al menos que sea de mejor calidad, de corral o campero. Varía lo más posible, come conejo, perdices, caza, potro, avestruz, vísceras,...y no abuses de ella.

13. **Aumenta tu consumo de Pescado:** Come pescado fresco y congélalo durante al menos 48 horas a -20º. Ocasionalmente puedes consumirlo envasado.. Evita el pescado de piscifactoría en la medida de lo posible, intenta comer pescado salvaje, no siempre es el más caro, pregunta a tu pescadero de confianza. El mejor pescado es la sardina, azul, pequeño, salvaje y barato. Cuanto más pequeño, menos metales pesados. Intenta no abusar del emperador o el atún, son los que más carga tóxica llevan. Y no olvides comer marisco.

14. **No le temas a los Huevos:** Los huevos son tus amigos. Ricos en colesterol, necesario para fabricar hormonas. Que sean ricos en colesterol no quiere decir que aumente tus niveles de colesterol. El 70% del

colesterol lo fabrica tu hígado, así que cuídalo reduciendo los hidratos de carbono refinados, haciendo ejercicio y evitando toxinas como fármacos, alcohol, drogas o tabaco. Los huevos son un super alimento rico en grasas y proteínas. Evita comerlos con pan y patatas fritas y tu colesterol no se resentirá. Intenta que en el número de serie (en rojo en el huevo), el primero sea un 0 (ecológico) o un 1 (campero), la calidad de sus nutrientes será mayor.

15. **¡¡Come verduras por Dios!!:** Consume todo tipo de verduras, hortalizas, coles, tubérculos,... Las de bote, aunque sean de cristal no son lo mismo, pierden nutrientes pero pueden apañarte en un momento dado. El problema actual de las verduras son los insecticidas, pesticidas, herbicidas, que no podrás evitar a menos que compres ecológico. Puedes buscar grupos de consumo que son más económicos que los mercados ecológicos o llegar a acuerdos con hortelanos de tu pueblo. Las verduras son tu mejor aporte de vitaminas, minerales y fibra.

16. **La fruta:** A la fruta le pasa lo mismo que a la verdura, cuanta más variedad y más colores mejor, más antioxidantes obtendrás. Consúmela de la mejor calidad que te puedas permitir. Si te dificulta la digestión después de comer, cómela antes. Puedes comerla entre horas, pero recuerda, si quieres quemar grasa, es como si a tu cuerpo le dieras su chute de glucosa y vas a cortar la quema de grasa como fuente de energía. Si quieres perder peso no abuses de ellas, limítalas a 2-3 piezas al día.
17. **Come embutido de calidad**: Consume jamón, lacón, lomo, cecina de la mejor calidad que te permita tu bolsillo, siempre sin colorantes ni conservantes, sin azúcar y sin lactosa. Olvídate del fiambre envasado (el de la charcutería también lo está). Me refiero al pavo, a la mortadela, el jamón York, el *chopped*. Simplemente, mira los ingredientes para saber lo que comes.
18. **Derivados lácteos**: Consume yogur de calidad, sin sabores o edulcorantes. Evita los productos light o desgrasados, suelen llevar más azúcar. Prioriza los de

oveja y cabra.

19. **Endulzantes:** Comer dulces debería ser algo excepcional y lo hemos convertido en algo habitual. Si quieres endulzar algo es preferible que utilices Stevia de calidad, azúcar de coco o de abedul (Xilitol) que tienen un índice glucémico menor que el azúcar. La miel es otra opción, pero elimínala si lo que quieres es perder grasa. Ni que decir tiene que evites todos aquellos alimentos procesados que contengan azúcar, especialmente si ya padeces alguna enfermedad: refrescos, zumos envasados, tomate frito, bollería, galletas, helados,..

20. **La sal**: Sustituye la sal común por sal del Himalaya (la rosita) o sal marina sin refinar, que poseen más minerales que la sal refinada.

21. **Las especias:** Poseen múltiples propiedades antioxidantes, antivíricas, antibióticas, digestivas. Aprende a utilizarlas en tus comidas. Mejorarás el sabor y reducirás el consumo de sal.

22. **Los cereales:** No soy muy partidario del consumo de

cereales de forma habitual. No tienen un gran valor biológico pues no aportan muchos nutrientes en comparación con el resto de alimentos nombrados. El caso es que quitan el hambre en el mundo y llenan las panzas en periodos de crisis pero son una de las principales causas de enfermedad y de que haya más gordos que nunca. Si, he dicho gordos. Creo que se ha abusado de ellos (de los cereales, no de los gordos) y se les ha puesto en un lugar que no les corresponde, es decir, en la base de la pirámide alimenticia de la OMS. Puedes consumirlos de forma excepcional siempre y cuando no tengas sensibilidad al gluten, necesites perder grasa, padezcas enfermedades inflamatorias intestinales o alguna enfermedad autoinmune. Si tuviera que elegir entre los cereales me quedaría con el arroz y aquellos sin gluten, exceptuando el maíz y en caso de comer pan que sea de la mejor calidad posible y de masa madre. Reduce al máximo todo lo que contenga trigo, es lo que más consumimos: pasta, galletas, pan, bollos, pizzas,...., notarás como se desinfla tu tripa.

Olvídate del pan, al menos el 80% de tu tiempo. Resérvalo para cuando salgas a comer por ahí o si encuentras un pan de calidad

23. **Las legumbres:** Al igual que los cereales, no tienen un valor nutricional muy elevado pero sí aportan nutrientes como proteínas, aunque incompletas pues no aportan todos los aminoácidos esenciales. Si su consumo es elevado y bajo el de pescado, pueden llegar a producir hipotiroidismo pues roban minerales como el yodo, necesario para producir la hormona tiroxina, además de dificultar la absorción de proteínas. Sin embargo, pueden consumirse una vez a la semana o cada quince días siempre que tengamos un aporte regular de pescado y no tengamos ningún problema intestinal o de tiroides.

24. **¿Y el chocolate?:** Consúmelo, pero negro y sin azúcar (que los hay) y si puede ser, de 70% para arriba.

25. **Bebidas**: Agua, infusiones (sin azúcar), batido de frutas o *smoothies* con verduras (no zumos) y alcohol

ocasional, preferiblemente vino tinto de calidad.

Pirámide ideal de alimentos básicos para una buena salud

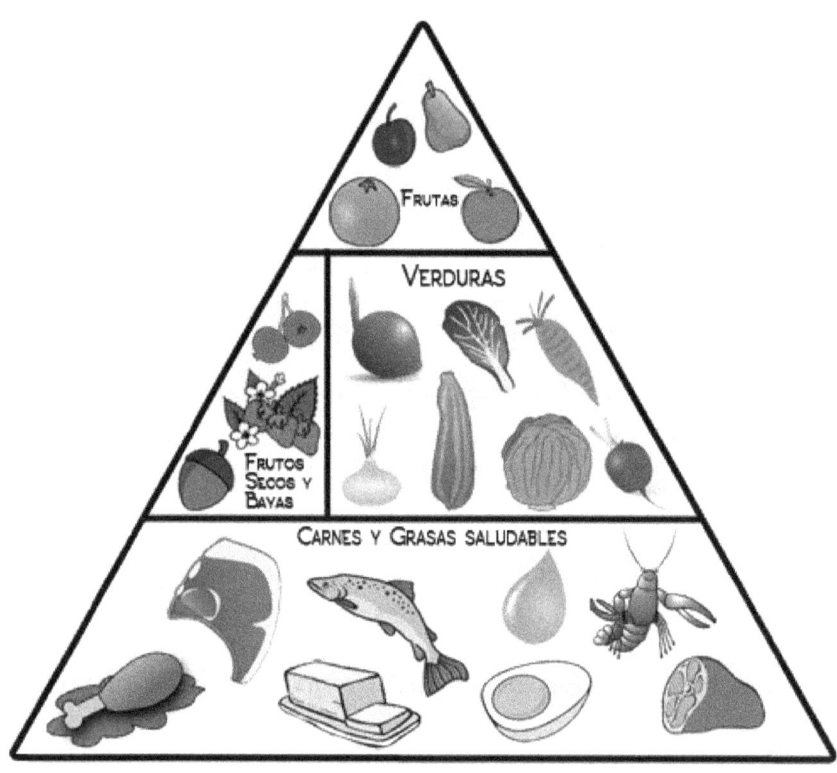

Si, a veces hay que ir contra corriente y es difícil hacer la compra, pero con un poco de paciencia, empeño, práctica y amor a uno mismo, seguro que lo consigues.

Ahora bien, no todo son limitaciones en el cuidado

de la alimentación, te voy a dar una alegría.

Come toda la porquería que quieras un día a la semana. ¡¡Anarquía!!.

Y hazlo en plena conciencia. *Yo decido comer caca porque quiero y porque puedo permitírmelo.* Un poco de estrés ocasional para tu organismo te hará más fuerte (hormesis), te permitirá liberar presión y no ser el bicho raro cuando quedes a comer o cenar con tus amigos. Permítete no ser perfecto, sin culpa. No se trata de ser tun talibán con la comida, sino de hacerlo bien la mayor parte del tiempo para obtener el máximo beneficio. De todas formas, te darás cuenta de que cuando comes caca ese día libre no te sentirás tan bien como el resto de los días. Notarás tu panza hinchada, la digestión difícil y embotamiento, hasta que llegue un día que en tu día libre únicamente te darás algún pequeño capricho y de la mayor calidad posible. Tu cuerpo no es tonto y sabe lo que le conviene, solo tenemos que aprender a escucharlo.

AVISO: Estas son pautas generales de nutrición

que yo recomiendo en mi consulta como una base para una buena salud. En caso de sufrir patologías concretas se deben consultar las variaciones pertinentes a un profesional. En personas en las que el objetivo sea mejorar el rendimiento también deberán hacerse modificaciones concretas en cada caso.

Aquí tienes una tabla orientativa que puedes imprimirte y colgarla en la puerta de tu nevera.

COMER LIBREMENTE	COMER MODERADAMENTE	EVITAR
CARNES. *Ecológicas o pastoreo.* Avestruz, Cabra, Cerdo, Conejo, Cordero, Órganos y Casquería, Pato, Pollo de corral, Potro, Ternera, Pavo. Carnes de caza. Jamón y Lomo ibérico, Cecina. º	Carnes de crianza no natural. Embutidos ibéricos tipo salchichón, Chorizo, Morcón, sobrasada.	Carnes procesadas de cualquier tipo.
PESCADO Y MARISCO. *Salvajes* Especialmente interesantes azules de tamaño pequeño: Boquerones, Caballa, Sardina, Jurel. *Tambén*: Bacalao, Dorada, Lubina, Merluza, Mero, Pargo, Perca, Salmón, Salmonete, Almeja, Cigalas, Gambas, Langosta, Langostinos, Mejillones, Ostras	Atún, Bonito, Emperador *(contienen gran cantidad de metales pesados)* Pescados de piscifactoría. Conservas en aceite de oliva.	Procesados de pescado, como los palitos de cangrejo (Mira los ingredientes)
HUEVOS. *Ecológicos o de corral.* Código 1 ó 0		Huevos con primer nº de código 3 (Contribuye a una

		crianza más ética)
VERDURAS, HORTALIZAS Y HONGOS. Cualquier tipo preferiblemente de cultivos ecológicos.	Tubérculos como yuca y boniato o cereales como arroz siempre y cuando tengamos un desgaste físico importante. Guisantes y Judías verdes Legumbres	Cereales, principalmente aquellos que contengan gluten y el maíz.
FRUTAS. *Todas sin abusar 2-3 piezas/día*: No olvides: Coco y aguacate. Frutos rojos: Moras, frambuesas, arándanos, grosellas.	**Frutos secos.** Almendras, Avellanas, Nueces, Pipas de girasol, Pistachos, Frutas pasas. **Frutas muy dulces.** Piña, Mango, Papaya, Plátano.	Cacahuetes
GRASAS SALUDABLES. Aceite de oliva virgen, aceite de coco.	Mantequilla bio. Manteca de cerdo ibérico *Ghee*	Aceites de semillas, industriales, grasas trans y margarinas.
HIERBAS Y ESPECIAS. especialmente frescas.	Todas y de manera abundante,	

LÁCTEOS Yogur de calidad Queso de cabra y oveja	Queso de vaca Leche entera Bio	Leche de vaca ultra procesada, desnatadas, con añadidos como vitamina D y omega 3. (Cuanto más procesada peor)
BEBIDAS. Agua, infusiones. Leche de coco y de almendras sin azúcar. Batidos de frutas y verduras naturales.	Café. Vino tinto (1 copa al día)	Refrescos, bebidas energéticas, leche de soja, zumos, cerveza y alcohol.
ENDULZANTES Xilitol (Azúcar de Abedul) Stevia Azúcar de coco	Miel Azúcar de caña integral Panela	Azúcar refinado Edulcorantes artificiales.
SAL Marina sin refinar Sal del Himalaya		Sal refinada

Si tuviera que recomendarte dos pautas básicas por las que empezar y dar un primer paso con el que notes

resultados te diría que eliminaras el AZÚCAR y el TRIGO al menos durante 6 de los 7 días de la semana. Notarás los cambios.

2. El Movimiento.

El movimiento siempre ha estado presente en cualquier ser vivo. Sin movimiento no hay vida. El S.XXI está batiendo *records* en cuanto a sedentarismo en los países desarrollados. En España, el 27% de la población es sedentaria, aunque es bastante mejor que el 40% de EEUU, siendo la prevalencia de sedentarismo de un 30% mayor en mujeres. Cuanto más dinero tenemos, menos nos movemos, los países desarrollados son los más afectados. El sedentarismo supone en España un gasto sanitario de 1500 millones de euros al año.

¡¡Contribuye un poco a la economía y a reducir las listas de espera!!!

Las comodidades actuales como los medios de transporte, las escaleras mecánicas, los ascensores, los robots o las máquinas, han resultado ser de gran ayuda para hacer nuestra vida más cómoda y reducir nuestro esfuerzo, pero también han contribuido a nuestro sedentarismo, nos hemos acomodado, nos estamos atrofiando. En el paleolítico éramos auténticos atletas, hoy somos seres blandurrios que nos rompemos por todas partes. Está claro que estos avances no son los culpables, es nuestra la responsabilidad de suplir esa falta de movimiento con una práctica voluntaria de ejercicio físico.

Nuestro organismo está preparado para acumular energía en forma de grasa pues lo aprendió durante miles de años de carencia, donde lo normal era la necesidad de moverse, de cazar, de buscar, de recoger, de tratar, de transportar o de luchar por el alimento. Hoy en día solo hay que dar 10 pasos para llegar a tu nevera, conseguir el alimento y sentarte a ver series. Nuestro circuito de recompensa está totalmente alterado. ¿Para qué nos vamos a mover, si no es necesario para sobrevivir? Sin embargo, estamos programados para acumular grasa.

El circuito de recompensa es el mecanismo por el cual nuestro organismo obtiene la respuesta adecuada a sus necesidades. P.e.: Tengo sed que me motiva a moverme produciendo dopamina en mi cerebro, genera el movimiento para ir a buscar agua, bebo, me sacio y genero endorfinas que me hacen sentir bien y en paz. Lo mismo pasaría con la comida. Hoy en día no nos requiere esfuerzo adquirir alimento, no pasamos hambre, vamos en coche a la compra e incluso la pedimos por internet. Nos saltamos la fase de esfuerzo-recompensa . Una forma de romper este círculo vicioso sería por ejemplo hacer ejercicio en ayunas, es decir, con el estómago vacío, a ser posible con un poco de hambre, como si fuéramos a cazar y después comer y saciarnos.

Entrenar en ayunas disminuye la inflamación postprandial que se produce después de comer, nos ayuda a perder grasa y mejora nuestra producción de dopamina (placer, motivación, logro,…) y endorfinas (paz interior, analgesia,..).

Morirnos de hambre ya no nos morimos, sino de todo lo contrario, de comer demasiado sin tener que buscar el alimento. Los trabajos cada vez son más sedentarios y necesitamos un *para qué* moverse.

Te voy a dar unas cuantas razones que espero sean

suficientes para moverte y voy a intentar ser positivo, pues te voy a decir los beneficios de moverte en lugar de las consecuencias de no moverte. Aunque no se que te motivará más, el miedo al sufrimiento futuro o el beneficio presente.

    Pensándolo mejor haré ambas cosas.

Beneficios de moverse	Consecuencias de no moverse
Ganas músculo, un seguro de vida	Acumulas grasa, un seguro de enfermedad
Más energía para el día a día	Menos energía
Más motivación	Pereza (Cuanto menos te mueves, menos quieres moverte)
Mejor calidad de sueño	
Mejora de tu autoestima al verte mejor	Aumentas el riesgo de accidente cardiovascular.
Mejor estado anímico.	
Mayor tolerancia al estrés y mayor capacidad de adaptación.	Cansancio al tener que mover más peso y tener menos musculatura
Mayor capacidad de supervivencia ante situaciones de vida o muerte	Más inflamación y dolor
	Mayor desgaste articular
Mayor esperanza de vida	Peor autoestima
Mejor calidad de vida.	Más hambre y menos sensación de saciedad
Mayor capacidad de regeneración de los tejidos	Menor capacidad de supervivencia.
Mayor capacidad de regeneración neuronal	Menor esperanza de vida
	Peor calidad de vida
Mayor eliminación de toxinas por piel (sudor) y pulmón (la respiración).	Mayor riesgo de complicaciones quirúrgicas
	Mayor riesgo de enfermedad neurodegenerativa
Mayor capacidad de logro	Mayor riesgo de Diabetes.
Desarrollo de la autodisciplina	Mayor riesgo de cáncer
Mejor conocimiento y conciencia del propio cuerpo.	Incapacidad progresiva
Mayor capacidad de sufrimiento	Aumento del gasto sanitario.

Mejor tolerancia a esfuerzos y posturas. Menos riesgo de enfermedad crónica Mayor libido	Menor libido

Recomendaciones

No voy a decirte cuando ni como te tienes que mover, simplemente hazlo como puedas, cuando puedas y de la forma que quieras, pero hazlo.

- Si no tienes tiempo para hacer ejercicio al menos sube y baja escaleras. Evita las escaleras mecánicas y los ascensores. Bájate una parada antes en el bus o metro. Levántate de tu silla frecuentemente durante la jornada laboral.
- Utiliza la bici o el patinete como medio de transporte si es posible.
- Desplázate caminando siempre que puedas.
- No recojas a los niños dejando el coche en doble fila. No pasa nada por aparcar un poco más lejos y caminar. Además harás un favor al resto del mundo.
- Si no puedes hacerlo entre semana vete al campo o a caminar el fin de semana.
- Olvídate de echar la tarde en el gimnasio. En 20-30´ intensos lograrás los mismos efectos e incluso mejores que estando un par de horas. Busca HIIT

(*High Intensity Interval Training*). Tienes montones de variaciones y con 2-3 a la semana tendrás más que suficiente.

- El tiempo ya no es excusa, hay rutinas de ejercicio de 4'!!!!!. Busca en *google* la palabra TABATA. El Tabata, creado por Izumi Tabata, es un tipo de HIIT muy corto y muy intenso. Consiste básicamente en ejercicio intenso durante 20'' y reposo durante 10'' repitiendo este ciclo 8 veces, en total, 4'. Puede hacerse un solo tipo de ejercicio o combinar varios, pero deben implicar varios grupos musculares y hacerlo lo más intensamente posible, es decir el mayor número de repeticiones posible durante esos 20'' pero poniendo atención a la técnica, de nada sirve hacer muchas repeticiones mal hechas. Entre los ejercicios más frecuentemente utilizados están los burpees (el más completo), las sentadillas, los *jumping jacks* (estrellas), flexiones, abdominales, *sprints*, pero también puedes aplicarlo a tus entrenamientos de natación, bici o carrera. Si no estás en forma empieza por un *tabata*. Aquellos que estéis más en forma podéis llegar hasta 4 descansando 3-5´entre cada uno.

- Si quieres perder grasa, entrena en ayunas, es decir con el estómago vacío desde hace al menos 4-5 h.
- Si te duele la espalda haz pilates o natación. Si estás muy rígido apúntate a Yoga. Si estás estresado haz *Tai-chi* o *Chi-Kung*. Si tienes que soltar la rabia haz artes marciales o boxeo. Siempre hay opciones.
- Elige siempre actividades que te motiven, que te gusten, es la única manera de mantenerlo en el tiempo: Baila, haz zumba, yoga, pilates, camina, monta en bici, lo que te de la gana , cómprate un perro, ¡¡pero muévete!!.
- Si te da pereza hazlo en casa con vídeos, con la Wii, con la bici estática o la elíptica o juega con tus niños.
- Si necesitas que te acompañen, pídelo. Si tienes que delegar en tu pareja para hacerlo hazlo, si tienes que decir que no y anteponerte a los deseos de los

demás, hazlo.

- Si eres mujer, exige tu tiempo sagrado. Comparte tus responsabilidades, ¡¡¡Sal de la cueva!!!. Si eres hombre dile a ella que para ti es importante, pero no lo utilices para escaquearte.
- Si no has hecho nunca deporte pide ayuda, busca un profesional.
- Comienza de forma progresiva, no intentes ponerte en forma en una semana. Ten paciencia.
- Según la OMS para no considerarse sedentario deberías practicar 150´ de ejercicio moderado o 75´ si es intenso, pero esto son solo pautas muy generales.
- El levantamiento de caña en barra fija no es hacer ejercicio, pero podrás permitírtelo si te mueves.
- No llegues a un punto de no retorno, el mejor momento es ahora

3. El Sueño

Funcionamos con ritmos determinados por la presencia y la ausencia de luz. Su presencia al amanecer aumenta el cortisol que hace que nos despertemos y nos activemos para poder llevar a cabo las tareas del día a día. Su ausencia u oscuridad activa la producción de melatonina u hormona del sueño, favoreciendo el reposo, el descanso, la relajación y la regeneración. A estos ritmos se les denomina ritmos circadianos y a su alteración se le denomina cronodisrupción. La función del sueño es repararnos tanto física como mentalmente y cuando alteramos estos ritmos naturales, padecemos consecuencias importantes para nuestra la salud.

En España dormimos poco y mal. Dormimos menos de 8 horas de media, nos acostamos tarde y nos levantamos pronto, por lo que considero que es una factor muy importante a la hora de cuidar de nuestra salud.

¿Cómo alteramos el ritmo del sueño?

Nuestro sueño puede verse alterado por múltiples factores, entre ellos, la falta de luz diurna y el exceso de luz nocturna, el estrés crónico, la ansiedad, el consumo habitual de hidratos de carbono refinados, la falta de exposición a la luz natural, la exposición a pantallas de luz blanca (móviles, TV, tablets) durante la noche, los trabajos por turnos o rotatorios, el *jet lag*, o el envejecimiento.

La luz de las pantallas es azul o blanca e inhibe en un 30% la producción de melatonina en la glándula pineal, afectando a la calidad de nuestro sueño. La disminución en la producción de melatonina tiene consecuencias importantes para la salud.

A su vez, la falta de exposición a la luz natural durante el día afecta a nuestra producción de vitamina D, imprescindible para la fabricación de hormonas como la melatonina, para modular nuestro sistema inmunitario o mantener la salud de nuestros huesos. Podemos decir que la vitamina D sería la hormona del día y la melatonina la de la noche y ambas son imprescindibles para un sueño de calidad.

¿Cómo afecta a nuestra salud?

El principal signo de cronodisrupción es el insomnio y la somnolencia diurna. Te puedes imaginar cómo afecta al resto. Si no descansamos de forma adecuada nuestro rendimiento es menor, estamos irritables, disminuye nuestro nivel de atención y foco, cometemos más errores y tenemos más accidentes, por lo que puedes deducir como afecta a tu vida laboral. Pero aún hay más, la falta de sueño aumenta la acumulación de grasa, aumenta el peso, produce dolor crónico, estreñimiento, deprime tu sistema inmunitario, reduce la libido, y lleva al agotamiento o fatiga crónica, ansiedad y depresión.

La reducción en la producción de melatonina se ha relacionado con algunos tipos de cáncer o enfermedades neurodegenerativas como la Esclerosis Múltiple o el Alzheimer.

Creo que con esto no hace falta decir más, si no te convence aún piensa en la melatonina como un *antiaging* natural, es nuestro mayor antioxidante endógeno, nuestro protector, así que mímala.

¿Cómo puedes mejorar tu sueño?

Para empezar, intenta adecuarte a las horas de luz y oscuridad de tu zona. Es decir reduce tu actividad, tanto física como mental al anochecer y mantente activo desde el amanecer. Parece obvio, pero no lo hacemos. Llegamos a casa por la noche, muchas veces agotados y estresados, cenamos tarde y nos quedamos frente al móvil, la tableta o la tele hasta media noche.

- Fija una hora para acostarte y para levantarte. Se regular.
- Duerme totalmente a oscuras.
- Limita las siestas a 30-45′.
- Cena lo antes posible y no te vayas directo a la cama. Intentar dejar un par de horas después de cenar antes de acostarte. Para ello quizá debas cenar antes y si no puedes tendrás que cenar más ligero.
- Evita alimentos que eleven la glucosa en sangre

por la noche: Dulces, pan, pasta, arroz blanco, refrescos,...Haz cenas ligeras como ensaladas, pescado, cremas de verdura,...

- Procura no practicar práctica deportiva intensa al final del día y son luz artificial. Te irás a la cama con el cortisol elevado, te costará más reducir tu temperatura corporal y no tendrás un sueño profundo por la inflamación postejercicio.
- Realiza actividades relajantes después de cenar como charlar, meditar, leer, relajarse y olvídate del móvil y la tele. Se que quitarte la tele es difícil, pero tu cerebro lo agradecerá. Y por favor, no veas tele en la cama.
- Evita aparatos eléctricos en la habitación, despertadores, televisión y pon tu móvil en modo avión. Pueden afectar a tus ondas cerebrales.
- No trasnoches, al menos entre semana.
- Si trabajas de noche utiliza gafas que filtren la luz. Busca en internet, las encontrarás. Si trabajas por turnos o realizas vuelos constantes por tu profesión

te recomiendo el uso de la melatonina. Solicita información a tu profesional de confianza para una dosificación adecuada. Intenta mantener cierta regularidad de comidas y ejercicio dentro de la irregularidad.

- Utiliza luces tenues, cálidas y anaranjadas al anochecer y blancas o azules durante el día.
- Exponte a la luz natural cuando te despiertes por la mañana y a lo largo del día. Si puedes practica deporte al aire libre, o desplázate al trabajo caminando o en bici.
- Si no puedes exponerte a la luz natural durante el día tendrás que suplementarte con vitamina D o darte unas sesiones de rayos ultravioleta. Vigila tus niveles en analíticas (40-80 ng/ml). En España por raro que parezca, se está viendo carencia de vitamina D. Alimentos ricos en vitamina D son la carne, el pescado o los huevos.
- Aprende a liberar el estrés diario: Busca tu momento sagrado, practica ejercicio, meditación,

actividades relajantes o recurre a terapia si es necesario.

- Si no puedes dormir, al menos haz el amor. Te aseguro que dormirás como un angelito.
- Ni que decir tiene que evites sustancias estimulantes.
- Procura por todos los medios no recurrir a fármacos sin antes agotar todas las posibilidades. Los fármacos aportan un sueño artificial y producen adicción, síndrome de abstinencia y tolerancia a largo plazo. Eso sin tener en cuenta los daños en tu cerebro con su uso prolongado.
- Utiliza música relajante u ondas alfa que inducen el sueño.
- Si tienes problemas que no te dejan dormir y te mantienen en alerta, pide ayuda, para eso están los profesionales. Coge el toro por los cuernos.
- Si tienes cosas en la mente que no te permiten desconectar, trasládalos de tu cabeza a un papel, haz una lista con todos ellos y ponla en la mesa del

desayuno. Pide a tu inconsciente que te de soluciones durante el sueño, a la mañana siguiente verás las cosas más claras.

- La temperatura de la habitación es muy importante. Al parecer, la reducción de la temperatura corporal favorece el sueño, por lo que se recomienda una temperatura menor a 20ºC, 17ºC sería ideal. Un truco que ayuda a dormir es utilizar calcetines y guantes para producir vasodilatación periférica y que se reduzca la temperatura central.
- Si no es suficiente puedes recurrir a múltiples suplementos naturales, pregunta a tu terapeuta para valorar el más adecuado en tu caso.

4. Las emociones

Las emociones no son más que las sensaciones corporales que tenemos ante un pensamiento o forma de ser y estar en el mundo. Son la manifestación física de tu estado interno.

Somos conscientes de los síntomas que tenemos, pero nos cuesta creer que tienen alguna relación con lo que pensamos, lo que decimos o como nos comportamos. Normalmente no asociamos nuestro dolor de cabeza, la tensión en la nuca, el revoltijo de tripa, el cansancio o cualquier síntoma con lo que estamos pensando, diciendo, haciendo a diario. No nos fijamos en el contexto emocional del momento en el que aparece el síntoma. Si nos fijáramos en qué estamos pensando o que estamos sintiendo en el momento en que comienza el síntoma, tendríamos mayor capacidad para gestionarlo, simplemente cambiando nuestro pensamiento. Es una cuestión de práctica.

Aceptamos que muchos de los síntomas son

causados por estrés, pero no pasamos de ahí y seguimos actuando y siendo de la misma manera. Las emociones o sensaciones corporales sirven para algo, principalmente para generar movimiento, una acción, un cambio que nos permita adaptarnos a una nueva situación o cambiar algo que no nos beneficia. La tristeza, la rabia o el miedo no son negativas en sí, tienen su propósito y para ello debes aprender a identificar cómo se manifiestan las emociones en tu cuerpo.

Cuales son las emociones básicas y qué te hacen sentir

Si aprendes a escuchar a tu cuerpo recibirás la información. Cuando nos preguntan cómo nos sentimos no sabemos ni cómo responder. Tenemos un lenguaje emocional muy pobre. Solemos responder *bien, regular, tirando, mal,...* así que tendemos a utilizar metáforas como *estoy hecho una mierda, como si me hubieran apuñalado por la espalda, me siento como una alfombra,..* pero si prestamos atención a esta forma de expresarnos, ya nos orienta bastante sobre qué nos hace sentir así.

Venimos de generaciones a las que no les han enseñado a sentir, a expresar las emociones pues no era prioritario y sentir era demasiado doloroso. Mis padres por ejemplo, no sabían ni decirme un *Te quiero*, y muchos de mis amigos me dicen los mismo. No podemos culparles de ello, para sus padres lo importante era proporcionar alimento, ropa y enseñanza, era lo prioritario. Hoy día tenemos cubiertas esas necesidades básicas, pero tenemos importantes carencias a nivel emocional. No saber expresar o identificar como nos sentimos o cómo se sienten los demás influyen en nuestro bienestar, en todos los aspectos de nuestra vida y nos hacen sufrir. Es por ello que la inteligencia emocional y su enseñanza está adquiriendo un importante valor en las escuelas actualmente.

La inteligencia emocional es aprender a identificar tus emociones y las de los demás de tal manera que mejora tus relaciones personales, tu autoestima, tu automotivación, el dominio sobre tus pensamientos, mejora tu autoconfianza, tu nivel de escucha, empatía y asertividad. Es aquello te permite aumentar la conciencia sobre ti mismo, conocerte para poder relacionarte mejor con el mundo.

A continuación, te dejo una tabla orientativa para identificar emociones y posibles acciones a realizar.

Cuando siento….	Quiere decir….	Y necesito…
Tensión muscular		Gritar
Ardor		Golpear
Náuseas		Escribir
Dolor en la mandíbula		Poner límites
Rigidez	RABIA, impotencia, me	Hacer valer mi
Irritabilidad	siento incapaz,	opinión
Enfado	sensación de injusticia,	Tomar mis propias
Frustración	ira que no he sido	decisiones.
	capaz de liberar o	Expresarme
	expresar.	Hacer honor a mis valores
		Decir NO
		Moverme
		Procurarme mi espacio y mi tiempo sagrado
		Vivir la vida que quiero vivir.
		Elegir mi entorno
		Aprender a ser asertivo
		Valorarme
Cansancio		Descansar
Desgana		Recogerme
Desmotivación		Recomponerme

Depresión Pereza Dolor crónico Encogimiento Pesimismo Soledad	TRISTEZA, desaliento, desesperanza, melancolía,...	Retirarme Aprender Parar a escucharme Pedir ayuda Expresar lo que siento Recolocarme Ordenar las ideas Mimarme Asimilar Volver al presente Despedirme de una pérdida Desapegarme Buscar la parte buena de lo que me ocurre Valorar nuevas opciones
Insomnio Ansiedad Angustia Nerviosismo Duda o indecisión Timidez Incontinencia de	MIEDO	Poner atención No hacer las cosas a lo loco Actúo con precaución pero no me paralizo Protegerme

esfínteres		Pedir apoyo
Sudoración		Hacerme más fuerte
Fobias		Ponerme a prueba
Preocupación		Atreverme
		Dejar de estar en el futuro, estar en el presente
		Ocuparme en lugar de preocuparme.

¿Por qué son tan importantes las emociones?

Las emociones nos traen la información del

inconsciente, todo lo que hemos vivido y está en la sombra se manifiesta en nuestro cuerpo. Todos los síntomas en nuestro cuerpo tienen un componente emocional. Desde el más simple resfriado hasta enfermedades graves como el cáncer. Esta es la razón por la cual es importante aprender a identificarlas, para dar resolver el conflicto subyacente que está sin resolver.

Los síntomas en el cuerpo no se producen por azar, todo tiene un para qué. El inconsciente trae al cuerpo los síntomas para que hagamos consciente lo que sentimos en nuestro interior y resolvamos todo aquello que tenemos pendiente.

Los síntomas corporales no son más que oportunidades para resolver problemas o conflictos emocionales pendientes, a veces de poca importancia pero otras muy importantes para poder sanarnos de verdad. No hacer caso de estos avisos conlleva la aparición de nuevos y más fuertes síntomas hasta provocar una enfermedad más grave.

Cuando un síntoma se repite en el tiempo es una

nueva oportunidad para afrontar un conflicto emocional latente. ¡Aprovéchala, no hay nada que temer, airea tus secretos!.

Identificar lo que nos quiere decir cada síntoma ya es un trabajo más profesional y necesitarás ayuda para entender y poder llevar a cabo una toma de conciencia y un cambio en tu vida. No basta con conocer la causa, hay que revivirla para poder trascenderla o buscar nuevas formas de comportamiento para cambiar tu ser.

Yo diría que las emociones y su gestión es el pilar más importante para una buena salud y lo que más control te ofrece sobre ella, pero sin una buena alimentación, práctica de ejercicio o una buena calidad de sueño, tu cerebro no funcionará como debe, por eso debemos actuar de una forma holística, sobre todos ellos para tener un control mayor sobre nuestra salud y nuestra vida.

No es el objeto de este libro, pero es un pilar básico para nuestra salud mejorar nuestra inteligencia emocional. El desarrollo de capacidades como la empatía, la escucha activa, la asertividad, la responsabilidad sobre lo que a uno le ocurre en la vida y otras, ayudan en gran medida a vivir una vida mejor.

Tú tienes el poder de elegir cómo sentirte

Esta es la buena noticia. Todos nosotros tenemos el poder de elegir cómo queremos sentirnos, eligiendo aquellos pensamientos, ideas y formas de estar en el mundo; eligiendo aquellos que nos ayudan, que nos empoderan, en lugar de elegir aquellos otros que nos hacen sentir mal.

Por ejemplo: *Pues mira lo que me han hecho, mira lo que me ha dicho,... Porque el debería actuado de esta o aquella manera...*

¿Cómo te sientes cuando piensas en los políticos, cuando ves el telediario, cuando te menosprecian o te ignoran, cuando te exigen, cuando se te cruza un coche, ...?

Tú puedes elegir qué pensar sobre todo ello de tal forma que te genere una u otra emoción, pero para ello se requiere un estado constante de auto observación. A esto se le denomina tomar conciencia de uno mismo. ¿Cómo es tu nivel de conciencia? ¿Observas y vigilas tus palabras, tus reacciones, tus comportamientos y sus consecuencias? ¿O simplemente actúas en modo automático *porque yo soy así?*

No se trata de autoengañarse, sino de elegir aquello que nos hace sentir bien y no reaccionar ante aquello que nos disgusta.

P.e.: *Elijo pensar que los políticos no son más que el reflejo del nivel de conciencia de los ciudadanos y elijo aumentar mi nivel de conciencia, observando y vigilando mis actos de tal forma que me convierta en un ejemplo de lo que quiero ver en el mundo. Elijo también no exponerme a información sesgada y tendenciosa de los medios. Elijo pensar que en el mundo ocurren más cosas buenas que malas pese a las desgracias que muestran los medios de información.*

¿Cómo te sientes ahora?

Responsabilidad Infinita: Deja de echar balones

fuera

El mundo no tiene culpa de lo que sientes y de lo que te pasa en la vida. Y tú tampoco, te han programado, pero tienes el poder de cambiarlo, desprográmate. Cuando ponemos el foco de lo que ocurre en nuestra vida, fuera de nosotros, por ejemplo, la pareja, el jefe, el trabajo, el banco, los políticos, el dinero, pasamos a convertirnos en víctimas. Pensamos que no tenemos capacidad de control sobre nuestra vida, generando impotencia e inmovilidad. Como nada depende de nosotros, nada podemos hacer y de hecho no lo hacemos ¿Para qué? De esta forma nos quedamos bloqueados obteniendo los mismos resultados en nuestra vida una y otra vez, para poder seguir quejándonos y confirmando nuestras creencias.

Si quieres sanarte o mejorar tu realidad tienes que convertirte en otro ser, aquel que deseas ser. Visualízalo a diario y conviértete en él.

Si quieres sentirte mejor abandona la queja. Simplemente observa la sensación de impotencia e injusticia que aparece cuando la practicas. ¿Te ayuda en algo? Solo a confirmar tu creencia de que el mundo es injusto, y si lo crees, así lo creas en tu realidad. Vibra de otra manera y tu realidad será diferente. ¡¡¡Emite otra frecuencia!!!.

Dejémonos de quejas y juicios y empecemos por nosotros mismos. Seguramente nos sintamos muuuuucho mejor y además es sobre lo único que tienes poder de actuación.

Lo que ocurre a nuestro alrededor no es más que la manifestación de lo que pensamos, de nuestras ideas, de las palabras que utilizamos, que dan forma a nuestra realidad. Vigílalos, modifícalos de tal forma que te hagan sentir mejor y cambiarás tu realidad. Esa es la mejor forma de cambiar el mundo.

Repite conmigo:

Yo soy el creador de mi realidad

Lo que veo en mi entorno no es más que la consecuencia

de mis pensamientos hasta hoy

Mis pensamientos actuales condicionarán mi realidad futura

Yo soy dueño de ellos y elijo aquellos acordes a la realidad que quiero ver

Y todo esto... es verdad.

No lo he sacado de una peli ni de la Biblia, me ha salido así, será un batiburrillo de la cantidad de lecturas al respecto. Póntelo en las narices cada mañana para que se vaya grabando en tu cerebro y te darás cuenta de que tú eres el único *Dios* en tu vida.

Aprende a manifestar tu realidad

Manifestar es crear la realidad que deseamos desde el convencimiento de que ya es así. Visualizar de forma repetida cómo queremos que sea nuestra vida, sintiendo lo que se siente como si ya fuera una realidad, con plena confianza de que así es, establecemos nuevas conexiones cerebrales y programamos nuestro inconsciente para cambiar nuestra forma de ser y estar en el mundo, haciendo que lo veamos de forma diferente, que nos comportemos de forma diferente y que por tanto obtengamos resultados diferentes. Simplemente el hecho de pensar y sentir que lo que quieres ya es un hecho, cambia tu estado mental y tus sensaciones. No pienses *quiero mejorar mi salud,* haz como si ya estuvieras completamente sano y dítelo a ti mismo cada día, *estoy sano, me encuentro mejor*, y practica hábitos sanos. Se sano ya, ¿Para qué esperar?

Tu eres tu sanador. Tu creas tu realidad. Solo tú tienes poder sobre ti. Toma las riendas de tu salud. No te esfuerces, manifiéstalo en tu mente y los cambios en tus hábitos se irán produciendo poco a poco. Tu eres el creador y único responsable de tu estado.

Aprendiendo a crear mi realidad

1. Siéntate y ponte cómodo con los pies sobre el suelo y las manos sobre los muslos.
2. Respira profundo 2-3 veces.
3. Siente cómo entra un aire limpio y claro en cada inspiración y cómo salen todas las toxinas y cargas negativas en cada espiración. Siente el aire entrar y salir en los orificios de tu nariz
4. Ahora recorre mentalmente todo tu cuerpo desde los pies hasta la cima de tu cabeza. Siente cómo se va relajando mientras respiras de una forma más natural, más superficial, más suave.
5. Visualiza el estado que quieres alcanzar. Donde te encuentras, con quien, que hay alrededor, cual es el contexto, dale brillo, dale luz, dale color, sonido, palabras,…
6. Siente lo que se siente en ese estado. Disfrútalo. Pon atención a todos los detalles, a todas las sensaciones.
7. Siente que eso es real, que ya es así, que puedes entrar

en ese estado cuando desees.

8. Disfruta de ese estado tanto cuanto quieras y practícalo siempre que puedas.

Con esta visualización estás creando tu realidad en tu mente. Todo lo que existe en el mundo ha sido creado por mentes que lo imaginaron antes, que lo visualizaron en algún momento de la historia.

Puedes grabarte leyendo este texto lentamente para auto guiarte en la visualización y una vez que lo tengas integrado hacerlo sin la guía. Este tipo de visualizaciones o meditaciones son una buena excusa para buscar un espacio y un momento sagrado, solo para ti. Busca un lugar de tu casa apto para ello, acondiciónalo a tu gusto y disfruta de ello, es tu momento de creación, hazlo especial y conviértelo en un hábito. Con 5-10′ será suficiente y poco a poco irás viendo cambios en tu vida.

Quizás este capítulo te haya resultado distinto y un poco *freaky* si no estás acostumbrado a temas de desarrollo personal. Digamos que esta es la parte menos científica, pero aceptemos que la ciencia solo ha demostrado una pequeña parte de la realidad, no nos limitemos, no prejuzguemos y abramos nuestra mente a otras cosas que pueden ayudarnos.

III. Por qué es importante que actúes sobre todos ellos: La visión Holística.

Somos holísticos. *Hólos* (del griego) quiere decir todo. El concepto holístico implica ver al ser humano como un todo, no como partes aisladas sin relación entre sí. El todo es más que la suma de las partes (Aristóteles), es la interrelación entre todas ellas y su funcionamiento conjunto.

No hay enfermedades, sino enfermos. **Hipócrates.**

Todo está interrelacionado en nuestro organismo. Nada ocurre de forma aislada. Todo cambio en el organismo genera una serie de reacciones en búsqueda del equilibrio interno u homeostasis.

Cuando introducimos mejoras que afectan a un determinado pilar de la salud de los aquí citados, no solo afecta a dicho campo, sino que influye positivamente sobre el resto.

Por ejemplo, si mejoramos nuestra alimentación, no

solo vamos a mejorar a nivel digestivo o vamos a mejorar nuestra composición corporal, sino que estamos aumentando la calidad de nuestros tejidos y nos lesionaremos menos; estamos a portando nutrientes a nuestro cerebro y mejorando su función, estamos afectando positivamente al comportamiento, a nuestra motivación, a nuestro estado anímico. Al igual que cuando practicamos ejercicio, no solo nos fortalecemos y aumentamos nuestra resistencia, sino que mejoramos nuestra circulación, nuestro humor, nuestro nivel energético, nuestro sueño, nuestra capacidad de logro, nuestra disciplina. Ni que decir tiene que mejorar nuestro sueño va a mejorar nuestra actitud y desempeño, pero no solo es eso, sino que nos va ayudar a repararnos físicamente , a resolver problemas inconscientemente, a perder peso (si, dormir bien adelgaza). Las intervenciones a nivel emocional también influyen sobre el resto, si aprendemos a gestionar nuestras emociones, a escucharnos, descansaremos mejor, comeremos sin ansiedad y nos automotivaremos para hacer ejercicio.

Estas son solo algunas relaciones entre estos pilares básicos, pero existen muchísimas más que no voy a describir en este libro pues no es el objetivo. Basta con que tomes consciencia de la importancia de un abordaje holístico de tu salud y de que todo lo que hagas suma.

Es un error garrafal de la medicina tratar órganos o patologías de forma aislada como si nada tuviera que ver con el resto del organismo, pero independientemente de lo que haga tú tienes el poder y la responsabilidad máxima sobre tu salud. Mejorar en todos estos niveles te va a evitar mucho sufrimiento y enfermedad en la medida que lo apliques.

IV. ¿Pero por donde empiezo?

Por lo que te resulte más fácil. La clave está en romper el círculo vicioso.

Si aportas a tu cuerpo los nutrientes necesarios te encontrarás con uno niveles de energía mucho más altos para abordar los cambios. Si empiezas por cambiar la forma de pensar y a observarte a ti mismo, tu humor y tus reacciones irán siendo mejores y te sentirás mucho mejor. Si practicas ejercicio descansarás mejor, tendrás mejor humor, pero quizá te requiera ese cambio nutricional antes. Si duermes bien, tendrás más ganas de hacer ejercicio.

Yo recomiendo hacer una sola cosa cada vez, cuando ya no te cueste, pasa a la siguiente. Puedes implementar un cambio cada semana.

Observa los cambios que se producen en tu organismo, a veces son sutiles o tardan en aparecer. Ten paciencia, lo que llevas haciendo mal durante años no lo vas a arreglar en dos días. Puedes apuntar todos tus síntomas, hasta los más insignificantes e ir valorando cada semana o cada 15 días como va cada uno de ellos. Puedes también valorar cambios de forma más objetiva en las analíticas, a través de aparatos de impedancia como la TANITA, que a parte de medir tu peso, mide tu musculatura, tu grasa, tu edad metabólica, verás como vas rejuveneciendo y es un *feed back* motivador. Los comentarios de las personas que te rodean también pueden resultarte útiles a la hora de valorar cambios en ti.

V. Consideraciones Finales

- Llevar a cabo cambios de forma aislada en cualquiera de los aspectos citados para el mantenimiento de una buena salud, no garantiza resultados. Debemos actuar de una forma holística, es decir en todos y cada uno de los aspectos, pues están en continua comunicación, interactuando entre sí. Nada ocurre en un nivel sin afectar a otro.

- Muchos factores de estrés que afectan a nuestro organismo son difíciles de evitar, pero cuidando estos pilares básicos nuestra resistencia al estrés va a aumentar, haciendo que nos adaptemos mejor a ellos.
- Si has llegado hasta aquí significa que eres consciente de la importancia de un cuidado de la salud y de que algún cambio vas a hacer en tu vida.
- Si lo que has leído te ha entrado por un oído y te ha salido por el otro, piensa que quizá no estés en el momento apropiado, quizá no le des la importancia que tiene, pero valora al menos cómo puede influir en los demás, principalmente en tu familia, el no cuidarte. Si no lo haces por ti, al menos hazlo por las personas que tendrían que cuidar de ti por no haberlo hecho tu antes.
- A un nivel más práctico, cuidando tu salud estás contribuyendo a reducir el gasto en medicinas o intervenciones, estás reduciendo las listas de

espera, estás dando ejemplo a tu pareja, a tus hijos y estás contribuyendo también a su salud.

- Existen otros aspectos que afectan a nuestra salud sobre los que podemos actuar, aunque con menor capacidad de control, como pueda ser la contaminación electromagnética y medioambiental, los tóxicos utilizados en ganadería y agricultura, la contaminación del mar o las condiciones laborales. Podemos llevar a cabo distintas acciones, pero suponen una lucha contra la forma de vida de hoy en día. No es el objeto de este libro describir aquí las opciones que tenemos para minimizar su efecto sobre nuestra salud, pero si existen alternativas que trataré de abordar en un libro más amplio.

- A la hora de generar cambios en tu vida te surgirán dudas, te cuestionarán, te auto sabotearás y aparecerán resistencias, así que ve poco a poco, busca más información de calidad al respecto, contrasta, prueba los resultados y date tiempo.Si introduces un cambio se constante, no busques la inmediatez, disfruta del camino, de saber que estás haciendo lo mejor para ti. Estás aprendiendo, estás creciendo.

###

Si deseas saber más sobre cómo abordar problemas de salud o patologías concretas de una forma holística y más profunda, no dudes en contactarme mailto: zetafisio@gmail.com o WhatsApp (655384055)

Si tienes curiosidad sobre artículos relacionados con la salud visita mi blog en http://www.pedrogracia-holistica.com o sígueme en https://www.facebook.com/pedrograciaholistica/?ref=bookmarks

Si necesitas ayuda más específica y personalizada para tu caso pídeme cita en:

Clínica Virgen de las Nieves.

Jesús del Pino, 32 28031 Madrid.

913313819 /655384055

PEDRO GRACIA FEITO

Fisioterapeuta – Osteópata – Kinesiólogo – Psiconeuroinmunólogo – Psicosomatista - Coach

www.ingramcontent.com/pod-product-compliance
Lightning Source LLC
Chambersburg PA
CBHW031456040426
42444CB00007B/1120